LETTRE

A SON EXCELLENCE LE VICOMTE

DE MARTIGNAC,

MINISTRE DE L'INTÉRIEUR.

PARIS, IMPRIMERIE DE C. FARCY,

Rue de la Tabletterie, n. 9.

LETTRE

A SON EXCELLENCE LE VICOMTE

DE MARTIGNAC,

MINISTRE DE L'INTÉRIEUR.

PAR J. B. MESNARD.

PARIS,

A LA LIBRAIRIE ANCIENNE ET MODERNE

Au Palais-Royal, galerie de bois;

ET CHEZ TOUS LES MARCHANDS DE NOUVEAUTÉS.

1828.

LETTRE

LE MINISTRE DE L'INTÉRIEUR.

> « La véritable grandeur est libre, douce, familière,
> » populaire; elle ne perd rien à être vue de près;
> » plus on la connaît, plus on l'admire. »
>
> LABRUYÈRE.

MONSEIGNEUR,

Comme ce n'est point aux dépens de la vérité qu'on peut vous plaire, ni en louant ce qui est blâmable, que ce n'est point en se courbant que vous exigez que l'on entre chez vous, mon épigraphe se trouve justifiée. On ne peut dire de vous, par conséquent, ce qu'*Antisthène* disait des grands : *Trop près d'eux on se brûle; trop loin, on meurt de froid.*

Ce n'est point pour attirer une attention dont ma vanité ferait son profit, que je vous adresse cette Lettre. Ennemi de toute recherche, je n'emploierai qu'un style simple, et je n'attacherai, à cet écrit, d'autre importance que celle d'un citoyen sans prétention, qui, ayant conservé avec plaisir, dans son cœur, le souvenir de ses rapports avec vous, fixe enfin sa patrie avec moins d'inquiétude, et commence à espérer.

Comme tous les Français, je vois dans le changement de Ministère, l'aurore d'une époque plus noble, plus brillante, plus loyale; d'une époque digne de notre nom et de notre caractère. Je souris à cet avenir parce que, ne doutant point de l'influence que vous devez avoir dans le conseil de Sa Majesté, je n'ai jamais reconnu en vous qu'un homme aussi mesuré que prudent et sage, modeste dans son ambition, parce qu'il était content de sa fortune; un homme, enfin, ami du juste et de l'honnête, résistant tantôt avec courage, et presque toujours avec mépris, à ces influences mystérieuses et perfides dont l'audace avait besoin d'agir dans l'ombre pour avancer, et que l'opinion publique avait repoussées dès qu'elle avait découvert leur laideur et leur but à travers le manteau qui les couvrait.

Que ce préambule affaiblisse donc ou non l'importance de cet écrit, je n'en dois pas moins remplir mon devoir. On ne vous a pas toujours rendu justice: au lieu de confondre, comme égales, les qualités de votre cœur et de votre talent, on les a séparées; aujourd'hui votre élévation au Ministère irritera sans doute la jalousie et la malignité, mais j'éleverai la voix en votre faveur, pour que du moins on attende une certaine masse d'actes d'après lesquels il soit seulement permis de prononcer. Si la première règle du sage est celle-ci : *abstiens-toi*, à plus forte raison doit-elle commander en politique, dans la marche des gouvernans dont on ne peut toujours, dans les rangs inférieurs, juger les motifs et apprécier les nécessités qui les entraînent.

Il est évident pour la France entière que, dans les circonstances délicates, vous n'avez manqué ni de prudence, ni de pénétration, et que, fidèle aux lois de l'honnête et du juste, vous ne les avez point dédaignées pour vous écarter du devoir; votre rapport, à l'occasion de la nomination de M. Benjamin de Constant, a fait apprécier votre caractère. Depuis le peu de jours que vous êtes au ministère vous n'avez rien négligé pour réparer de grandes injustices, et vous ne pouvez être responsable des refus qu'on a pu faire du bien et des actes d'équité que vous avez proposés.

Ce qui émane de vous, depuis que vous êtes chargé du fardeau du portefeuille, atteste que vous êtes convaincu qu'un Ministère nouveau promet une ère nouvelle, et sait-on jusques à quel point vous n'êtes pas arrêté peut-être, et contrarié dans ce que vous désireriez pour que tous les besoins actuels fussent satisfaits ?

Vous avez été témoin des fautes de vos prédécesseurs, de l'aversion, du blâme et de la honte qui les suivent dans leur disgrâce ; les écrits de chaque jour et l'opinion vous tiennent constamment éveillé sur des haînes encore palpitantes ; vous êtes averti par un acte national, inoui dans nos annales ; par un acte spontané, et presque général qui vous montre une nation faisant en huit jours, et sans convulsion, ce qu'elle n'avait pu effectuer pendant douze ans de combats à outrance. Vous ne pouvez donc vous laisser éblouir, et ne pas penser que le nouveau Ministère ne pourra établir son pouvoir, sa longue existence, autrement que par une satisfaction complète aux besoins actuels, sur la franche exécution du pacte fondamental, des lois sur les corporations et institutions religieuses, enfin par la protection réelle et active qu'attendent de lui le Commerce, les Arts, l'Agriculture et l'Industrie.

Si je me suis adressé à vous, c'est qu'étant Ministre de l'intérieur, c'est vous, plus particulièrement, qui devenez, par vos talens et votre caractère, le point de mire de toute la France, le dépositaire, le gardien, le défenseur et le protecteur de ses droits les plus chers.

Votre âge et votre éducation vous ont associé

à tous les sentimens généreux de notre émanci-
pation ; vous êtes le fils du passé, siégeant sur
le tribunal de l'époque présente et réglant l'a-
venir sur les documens de trente-cinq ans de
convulsions et de déchiremens. Vous savez que
le poignard de l'intolérance et du fanatisme ne
doit point verser le reste du sang qui a échappé
à l'épée de l'ambition, et que si l'on donne des
larmes aux héros morts pour la gloire, on ne
voit plus de place sur notre terre pour le mar-
tyre.

Vous ne vous dissimulez point, Monseigneur,
quel est le caractère de cet esprit qui aujour-
d'hui domine l'Europe, et que l'exaspérer serait appeler sur la France tous les maux qui l'ont
désolée, couverte de ruines et de sang.

Les peuples opprimés ont appris comment ils
pouvaient recouvrer leur indépendance, et l'on
ne pourrait arrêter leur marche quand bien
même on jeterait sur leur passage les débris
épars de la féodalité et des privilèges. Les constitutions qui se sont succédées, les principes
qu'elles ont proclamés ont déterminé les droits
de l'espèce humaine. Les autels des divinités fac-
tices sont brisés, le Prince seul est jugé digne
d'être protégé par une fiction morale, d'être en-
touré de la puissance exécutive, de la considé-
ration que l'éclat, la magnificence, les talens, les
arts peuvent répandre autour du trône ; le

Prince seul commande un respect aveugle, et
cette douce confiance qu'un peuple généreux et
éclairé doit à son représentant héréditaire.
Il n'est plus question aujourd'hui de former
des partis, de s'attacher une multitude plus ou
moins aveugle, plus ou moins facile à séduire,
à agiter ou à comprimer; il s'agit d'une direction
légale, fondée sur l'égalité imprescriptible du
droit devant la loi. Il faut aujourd'hui que le
Gouvernement se fasse reconnaître par sa fidé-
lité aux formes consacrées et prescrites par la
Charte; il faut que ceux qui sont obligés de
respecter et d'obéir à une règle, ne soient pas
obligés de la défendre; il faut enfin écarter les
défiances, empêcher les abus de la force, étein-
dre les haines, recommander l'oubli et en don-
ner l'exemple par une justice égale; préciser les
limites de l'autorité et anéantir cette puissance
active et insidieuse qui trouverait moins de mal
si elle n'était point corruptrice ni intéressée à
être menteuse.
Voilà, Monseigneur, ce qui est digne des
hommes qui, sans oublier quel fut le berceau
de notre patrie et son adolescence, l'ont suivie
dans sa virilité, et ont assisté à la grandeur qui
a caractérisé la fin du dernier siècle. Sans doute
vous avez gémi sur la faiblesse qui retint notre
enfance sociale dans les langes des rois fainéans;
votre cœur s'est irrité de la voir tour à tour dé-

chirée, demembrée et la tributaire des étran-
gers, mais votre âme a aussi palpité de plaisir,
et votre bouche n'a pu retenir un sourire à l'as-
pect de ce Charlemagne trop grand pour le
siècle qui le vit naître. Vous avez regretté qu'il
n'eût pas été suivi immédiatement de ce Fran-
çois Ier, si digne d'hériter de son goût pour les
lettres, de Henri IV et de ce Louis XII dont
les règnes furent trop courts ; vous embrassez
enfin, d'un regard, pour le fixer avec étonne-
ment et admiration, ce grand siècle où tant de
génies semblaient s'être donné rendez-vous pour
l'immortaliser et pour préparer cette époque
aussi prodigieuse par l'étendue et la rapidité de
sa gloire, que triste et terrible par ses revers.

Ministre de la France, au 19e siècle, rien ne
vous aura échappé de ce qui atteste sa grandeur,
ses richesses, ses ressources, sa puissance et son
attitude. Vous la voyez également supérieure à
toute l'Europe dans les Arts, le Commerce,
l'Industrie, les Sciences et les belles-lettres ;
plus jalouse qu'aucun peuple de jouir d'une liberté sage, et plus impatiente de l'établir ou de
la conquérir si on la lui refuse.

Véritable ami de la Monarchie, et éclairé sur
ses plus précieux intérêts, vous vous tiendrez en
garde contre ces fatales doctrines qui tendraient
à la ramener à ce qu'elle était il y a 50 ans, car
l'esprit public ne rétrograde point : les conqué-

tes des peuples vers un meilleur état de choses ne se prescrivent pas, et ce n'est même pas sans danger qu'on les rend stationnaires. Les lois ne peuvent plus émaner du souverain seul ; cette prérogative a disparu avec celle des Parlemens ; les distinctions de la noblesse ne sont plus que nominales : les privilèges du clergé et sa puissance presque illimitée, sa juridiction particulière sont tombés sous l'égalité commune devant les lois ; ce qu'on nommait naguères le *tiers-état*, domine aujourd'hui ces deux ordres, et le retour annuel de nos députés a fait reconnaître ce qu'il y avait de servile et d'illusoire dans les rares convocations des vieux États-Généraux. Le Conseil-d'État n'est plus le *directeur* de l'administration du royaume, il n'en est que le *Conseiller*; une juridiction générale et uniforme a remplacé les bailliages, les sénéchaussées, les présidiaux, les justices seigneuriales et prévotales.

Nous avons reconnu le danger de la violence des passions qui tour-à-tour ont établi et brisé tant de constitutions, et même le faux prestige de cette gloire qui a étouffé la liberté sous des lauriers. Nous savons reconnaître l'hypocrisie qui veut nous abuser, et la fraude qui cherche à nous tromper. Nous avons suivi dans leur marche, leurs faiblesses et leurs erreurs, le corps législatif, le tribunat et le sénat. Nous n'avons point oublié qu'en 1814 Louis XVIII

octroya notre Charte, qu'il a juré de la maintenir,
et que son successeur a fait le même serment.
Nous savons que cette Charte a établi un gouvernement qui doit protéger les citoyens contre
l'arbitraire, le crédit et la faveur. Par les garan-
ties qu'elle donne à la liberté individuelle, elle
proscrit l'emploi de cette police d'espionage qui
opéra la ruine du gouvernement directorial et
n'est que l'héritage ou la continuation du gouvernement révolutionaire. Une police ne doit
être ni ennemie, ni anti-sociale : elle doit être
gardienne et conservatrice, elle doit répandre la
sécurité au lieu d'exciter la crainte, et l'espionage
est devenu si malfaisant que la haine des méchans
même s'attache à ce mot. Dans les Pays-Bas, la
police est estimée parce que ses agens ne dépas-
sent jamais le cercle tracé par les lois réglémen-
taires ; par sa vigilance elle retient dans le devoir
et ne provoque pas pour en faire sortir. Jamais elle
ne considère les hommes, mais les actions ; jamais
elle n'agite les passions funestes à la société pour
mieux servir celles des grands ou des ambitieux
maîtres du pouvoir. Pourquoi, en effet la police
s'est-elle rendue chez nous aussi funeste et aussi
odieuse ? C'est que lorsque nous espérions le re-
pos que nous attendions, et qui nous était pro-
mis par la Charte, elle a écarté l'égide des lois,
évoqué du sein de l'oubli, cependant consacré,
des factions imaginaires ou dissoutes, des discor-

des éteintes, des partis sans chefs, ou des chefs, sans partis; elle a étendu sa surveillance aux opinions, exploré les secrets des familles, trahi ou falsifié les pensées, et mis en défiance entr'eux, les amis, les pères et les enfans.

Devant un tableau aussi sombre, il est plus doux de croire que les promesses de notre Charte ne seront point méprisées : que chacun pourra professer sa religion avec une égale liberté, publier et faire imprimer ses opinions en se conformant aux lois; que les propriétés sont inviolables comme les personnes.

Si d'un autre côté cette même Charte dit que le nombre des pairs est illimité, nous concevons aussi qu'il ne peut-être infini, car celui des députés est fixé à 430. Nous sommes plus certains que jamais que le pouvoir ne peut rien sans la Chambre des Députés de la nation; que ses membres ne sont élus que pour cinq ans; que tout français, âgé de trente ans et payant 300 fr. de contributions directes, est électeur. Nous savons qu'aucun impôt ne peut être établi ni perçu s'il n'a été consenti par les deux chambres. Nous n'avons point oublié quelle a été la conduite des premiers agens du pouvoir et de leurs subalternes ; nous savons aussi bien ce que vaut un préfet que nous connaissons le prix d'un juge de paix, d'un maire et même d'un garde champêtre. Notre mémoire est obstruée d'une foule de prédications, de mandemens, de réquisitoires, et nos yeux sont encore éblouis par les *auto-da-fé* littéraires. Mais notre reconnaissance proclame aussi les services qui nous ont été rendus par le jury et la Chambre des Pairs. En face de plusieurs jugemens, nous ne nous expliquons point les empiétemens de certaines corporations, et ne pouvons reconnaître l'utilité de cette fourmillière de couvens, de congrégations et d'ignorantins, tandis que l'enseignement mutuel et les hautes études sont, non pas un besoin, mais une nécessité. Nous n'avons point oublié combien de sujets précieux l'école Normale a fournis à la patrie.

Sous votre surveillance spéciale, Monseigneur, sont placés ce collège royal de France qui s'est accru de la munificence d'un roi grand politique et bon littérateur, Louis XVIII.

C'est sous la dépendance du Ministre de l'intérieur que sont les grands établissemens qui contribuent à la propagation des belles-lettres, des sciences, des beaux-arts et de l'agriculture. C'est de votre Ministère que relèvent l'Institut royal, l'Académie française, celles des inscriptions et belles-lettres, les académies des sciences et des beaux-arts; c'est vous qui départissez les récompenses à la peinture, à la sculpture, à l'architecture, et qui leur ouvrez le chemin de la perfection. Enfin, qu'est-ce que n'embrasse, pas le ministère de l'intérieur, puisqu'il a jusqu'à la direction de la *police générale*.

La France est la puissance la plus formidable et la plus importante de l'Europe, votre ministère en est l'image par rapport à elle: ils se font juger l'un par l'autre. Mais pour faire reconnaître quel est votre Ministère, il ne serait peut-être pas inutile de faire un tableau de l'état de la France; je vais le présenter, mais d'une manière sommaire et qui, je l'espère, sera cependant suffisante.

La population de la France est de trente-deux millions d'individus. La classe agricole en embrasse les deux tiers, et, parmi cette masse laborieuse et productive, on compte à peine cinq millions de prolétaires; les artisans et les ouvriers sont au nombre environ de quatre millions et demi, et la classe, composant les marchands, les fonctionnaires, les individus enfin exerçant des professions libérales n'excède guères cinq millions. Il y a, en France, trois millions d'habitations rurales, deux millions quatre cents cinquante mille maisons urbaines, mille neuf cents villes, trente-huit mille communes, cinquante mille paroisses, cent mille villages. L'agriculture, si bornée avant notre révolution, a fait partout de tels progrès qu'il semble que les bras de l'homme aient décuplé ses produits, et qu'ils doivent augmenter encore. L'industrie a pénétré partout en faisant alliance directe avec le commerce; les lumières les ont suivis dans leur marche et se sont fixées auprès de tous les membres de cette vaste population pour la distraire, la consoler, la guider et l'éclairer dans sa course ascendante. Tel département tient les bras et les esprits constamment en mouvement et en fermentation par les rapports faciles de l'intérieur avec l'extérieur; tel autre que sa position, topographique tenait éloigné de la civilisatson et isolait loin des améliorations, s'est trouvé de pair avec les autres par le bienfait de la canalisation ou des grandes routes; l'aisance y a introduit une sorte de luxe, et, par conséquent, le besoin de ne pas décroître. Partout les esprits, en s'agrandissant, ont acquis un caractère plus ferme. Trente années d'excitation constante, les ont rendus propres à tout saisir avec rapidité, à juger avec précision et justesse, et les cœurs sont devenus par là plus propres à embrasser les idées nouvelles avec enthousiasme, à se livrer aux entreprises les plus aventureuses et aux projets les plus hardis. Notre commerce est vaste autant qu'actif, entreprenant et ne redoute pas même les limites que lui oppose la consommation. Nos importations s'adressent à tous les peuples, et tous les peuples ont consenti à devenir nos tributaires; l'Angleterre elle-même est forcée de reconnaître notre préséance, et qu'elle ne ferait rien sans les cent-vingt-cinq millions de colons ou de tributaires qui consomment ses produits. Nous communiquons facilement de l'intérieur à l'océan Atlantique et à la Méditerranée. Notre crédit est immense autant que nos valeurs matérielles, que les produits de notre sol semblent inépuisables.

C'est nous qui d'un pôle à l'autre donnons l'impulsion à tous les peuples, et leur conduite fait prononcer que sans les exemples que nous leur avons fournis ils n'auraient pu rien faire. Ce sont nos savans qu'on y écoute, nos livres qu'on y appèle ou qu'on y contrefait, notre industrie qu'on s'y approprie, nos perfectionnemens dans les arts qu'on adopte. Nous exerçons sur toutes les notabilités sociales une influence patente, directe et immédiate; toutes les exceptions sont à notre avantage et à la honte des préjugés de nos voisins. Nous avons porté notre langue dans le nord où elle est celle de toutes les cours. Il semble que notre génie ait seul le privilège de briller constamment à la tête des nations civilisées. Conquérans avec Charlemagne, Saint-Louis, François Ier, Henri IV, et Louis XIV, nos armes ont encore brillé d'un plus vif éclat au nom de la liberté.

Je termine ici ce tableau, Monseigneur, parceque tous les détails vous en sont familiers. Mais pour arriver à cette grandeur et à cette puissance, à travers tant de règnes différens, vous vous rappelez que ce ne sont que les grands Ministres qui en réclament l'honneur. L'abbé Sugger, fonde; d'Amboise l'imite, soulage le peuple et s'en fait adorer; Sully est couvert d'une gloire et d'une reconnaissance immortelles; comme Ravaillac, de haine et de mépris. Si Mazarin ruine la France; y provoque la guerre civile et les attentats de la fronde, Colbert restaure les finances, établit la Compagnie-des Indes, colonise le Sénégal et nous porte jusqu'à Madagascar.

Les noms Ministériels dont la France puisse s'honorer, sont rares, il est vrai, mais la providence n'a pas maudit notre terre, et quand, au reste, elle laisse usurper quelques jours de règne par les méchans, c'est pour mieux faire apprécier les bons et leur laisser une leçon durable.

Sans doute que la tâche qui vous reste est immense et difficile, mais je ne doute nullement que vous ne la remplissiez. L'une des premières institutions qu'il soit important de rétablir, c'est la garde nationale, ces citoyens militaires, qui représentent la force unie à l'opinion, *toujours obéissant au prince au nom de la loi, et sont toujours armés pour la défense commune.* Vous savez, Monseigneur, combien de nobles souvenirs s'attachent à cette garde nationale. Ce fut elle qui, dès sa formation, resserra les liens sociaux; c'est de son sein que sortirent les cohortes qui triomphèrent en chantant... et sauvèrent leur pays par la victoire. C'est la garde nationale qui, toujours, a représenté l'ordre et fait respecter la loi; si elle n'eût point cessé d'exister, nous n'aurions point à pleurer sur les malheurs de la rue Saint-Denis! si la garde nationale n'eût pas cessé d'exister, au premier cri d'alarme elle eût couvert ses frères de ses rangs sacrés, elle eût formé autour du pacte social une ligne qui eût rappelé le prudence, la modestie et la sagesse de Jefferson.

Quant aux autres institutions elles se recommandent d'elles-mêmes, car la vieille Europe n'existe plus. Le peuple roi, oubliant le Capitole, se laissait précipiter du haut de la roche Tarpéienne, mais les peuples modernes s'arment de leurs chaînes, pour s'élever à la dignité nationale, au régime des lois. Pendant la longue tourmente qui a pesé sur la France, nous avons tous été, comme Achille, *plongés dans les eaux du Styx ; nos âmes en ont reçu une trempe plus vigoureuse, et la raison et l'indépendance ont retrouvé un public.*

Voir cette raison et cette indépendance régner seules parmi nous, tel est aujourd'hui mon espérance, et je ne fais plus qu'un vœu, celui de voir des hommes pour lesquels on rétablisse cette inscription : Aux Grands Hommes la Patrie reconnaissante.

———

www.ingramcontent.com/pod-product-compliance
Lightning Source LLC
Chambersburg PA
CBHW062322070726
47596CB00009B/2650